छोटे शहर के हैं जनाब

हिमाँशु दुबे

ISBN 979-8-89322-886-1

माँ...मोहोब्बत...मौसिकी के नाम

अनुक्रम

शुक्रियानामा

इस किताब कि पहली नज़्म की पहली पंक्ति के पहले अक्षर से इस किताब कि अंतिम नज़्म की अंतिम पंक्ति के अंतिम अक्षर तलक बहुत कुछ है, जिनका योगदान मेरे इस सफ़र में रहा उनका शुक्रिया अदा करना मेरी जिम्मेदारी है। बहुत कुछ मुमकिन है कि मैं इस जिम्मेदारी को पूरी तरह निभाने में कामयाब ना भी हो सकूँ. फिर भी इक कोशिश...

साथ देने वालो का ज़िक्र करने से पहले उन तमाम शख्सियतो का शुक्रिया जिन्होंने साथ छोड़ दिया, सफ़र में शामिल हो घड़ी दो घड़ी संग चलने का शुक्रिया।

जिस घर बचपन गुज़रा उस घर का शुक्रिया, जिस शहर ने तालीम दी उस इंदौर शहर का शुक्रिया जिस शहर ने आसरा दिया पहचान दी उस सागर शहर का शुक्रिया...मेरे ईश्वर का शुक्रिया...

जिनकी आँखों से दुनिया देखी जीने का सलीका सीखा मेरी माँ स्व. आरती दुबे जी मेरे पिताजी स्व. महेंद्र दुबे जी का शुक्रिया

'वो नादानी का एहसास कुछ पहले ही कम हो गया,
तुम्हारे बिना मेरा बचपन वक़्त से पहले खत्म हो गया।'

पिताजी के गुजर जाने के बाद इस दुनिया में बिना सहारे के अपनी इक जगह बनाने कि ज़िद से सारी मुफलिसी सहते,

विषम परिस्थितियों में संयम दिखाते, मैं आज जो कुछ भी हूँ उसको बनाने वाले उस अकेले लड़के का शुक्रिया...

इस किताब और मेरी ज़िन्दगी को प्रूफ रीड करने के लिए, मेरे हर हाल को समझने और स्वीकार करने के लिए मेरी धर्मपत्नी अंजली दुबे का शुक्रिया

'ये सत्य तुझसे है, ये राग तुझसे है
मैं बैरागी सा तन्हा, मेरा बैराग तुझसे है'

कुछ दोस्त है जो बहुत शुरू से मेरी ज़िन्दगी के सफ़र के गवाह है मेरी बदहाली के गवाह है मेरी खुशहाली के गवाह है उन दोस्तों का शुक्रिया

इस किताब के मूर्त रूप लेने में जिनका योगदान है उन सहकर्मियों का शुक्रिया

सारी सहूलियतो का शुक्रिया तमाम परेशानियों का शुक्रिया

जो पूर्ण हो गया उसका शुक्रिया, जो अधुरा रह गया उसका शुक्रिया

इस शुक्रियानामें में यदि कोई छूट भी रहा है और उनका असर मेरी ज़िन्दगी पर कभी भी रहा है तो उनसे माफ़ी के साथ कहना चाहूँगा के बस इक बार आप इस किताब कि नज्मो को देखे कही ना कही किसी ना किसी पंक्ति में आप अपने आप को पा ही लेंगे

शुक्रिया...

छोटे शहर के हैं जनाब

हम छोटे शहर के हैं जनाब...
हमारे यहाँ मोहब्बत छोटे-छोटे कामों से जताई जाती है
जब वो कहती है कि
'सुनो गैस खत्म हो गया है सिलेंडर ले आना
और आते-आते लाला रामस्वरूप का कैलेंडर ले आना'
और वो कहता कि
'हाँ- हाँ तुमसे भी कितनी बार कहा है रुमाल तह करके दिया करो
और अपनी बनाई दाल जानम कभी चख भी लिया करो'

हम छोटे शहर के हैं जनाब...
हमारे यहां दोस्ती मोहब्बत सी निभाई जाती है
यार पराये शहर है आज कल रोज़ बात नहीं होती
पर जो कभी मिले तो गाली बिन शुरुआत भी नहीं होती

377 यहां किसी को समझ नहीं आती
दोस्त का हाथ पकड़ने में शर्म आज भी नहीं आती
हमारे यहां दोस्ती में महफ़िल का कोई रोल नहीं है
नंबर वन बंवर वन यारी का कोई झोल नहीं है

हम छोटे शहर के हैं जनाब...
हमारे यहां मोहब्बत शिद्दत से निभाई जाती है
इक महबूब के तसब्बुर की खातिर शामें जिया करते हैं
कितनों से उधार ले उसे क्या-क्या दिया करते हैं
भाई ने भाभी को बस देखा है
बच्चों के नाम तय हैं
अभी-अभी तो बात भी नहीं हुई
पर शादी की तारीख तय है

हम छोटे शहर के हैं जनाब...
हमारे यहां शामें खुदरंग बिताई जाती हैं
कितनी बातें तो हम यूं ही कह देते हैं
To-let को कभी-कभी टॉयलेट समझ लेते हैं
नुक्कड़ पे चाचा अपने ही किस्से गढ़ रहे
बोले बड़े शहर जैसे हम भी बढ़ रहे हैं
कहे देखो वैलेंटाइन पे रोज़ तो हमारे यहां भी है
पिज्जा-पिज्जा क्या करते हो डोमिनोज तो हमारे यहां भी है

छोटे शहर के हैं ना...
नादान ना सही मासूम तो होते ही हैं
कितना भी समझे दिल दुखे तो रोते ही हैं
हम छोटे शहर के हैं जनाब...
नालायक ना सुने तो बेटे कैसे
पागल ना सुने तो भाई कैसे

और बेवकूफ ना सुने तो आशिक कैसे
हम छोटे शहर के हैं जनाब...
थोड़ा वक्त लगेगा घूम के आएंगे सीधे रास्ते में कुछ देर से आएंगे
छोटे शहर के आशिक हैं जनाब...
बिल्कुल आखिर तक जाएंगे

संगमरमरी ख्वाहिशो में कुछ यूं चुने बैठे हैं

मीरा बनने की हसरत, और श्याम बने बैठे हैं

पहली मोहब्बत की आखिरी मुलाक़ात

कुछ उलझी सी थी मेरी पहली मोहब्बत की आखिरी मुलाक़ात।
उस रोज़ दो जिस्म इक रूह से अपना-अपना हिस्सा बाटते रहे
वो चंद फरेबी से लम्हे,
वो टुकड़ो में आती हवाए
और वो तजुर्बकार से शज़र
कुछ यूं सुन रहे थे हमको, मानो गुलाम अली साहब का कोई नगमा नया आया हो
पर शुक्र है अब कोई मुकर्रर नहीं कहता...
कुछ अजीब कश्मकश में बीती थी वो सारी रात
कुछ उलझी सी थी मेरी पहली मोहब्बत की आखिरी मुलाक़ात...

अजनबी से अपने, अपने से अजनबी तक के सफर में जाने कितनी आरज़ू बाकी रही
बड़ी मिन्नत से इक पायल दी थी, तुमको दूसरी देने कि आरज़ू बाकी रही
वह जिसकी कहानी सुनाई थी तुमने, वो पिक्चर संग देखने कि आरज़ू बाकी रही

शायद आखिरी बार देख रहा हूं तुमको, इक पहली बार देखने की आरज़ू बाकी रही
इक सदी, पूरी उम्र को समेटी थी वह मुलाक़ात
कुछ उलझी सी थी मेरी पहली मोहब्बत की आखिरी मुलाक़ात

के जो चला जाता है वो चंद अशकों को देकर मुझे,
मैं बैठा देर तलक उन्ही दरख्तों के साये में,
वक़्त-ए-रुखसत के सवालात पत्तों से पूछ लेता हूँ
ऐ हमदर्द बता ज़रा
के अश्क ज्यादा गिरे हैं उसके?
या दिल से मेरे कतरे लहू के?
के सहेजे हैं उसने खत ज्यादा मेरे?
या मैंने उसकी मुलाकातो के कोलार्ज़?
क्या रात गहरा गई है आज कुछ वक़्त से पहले ही
या आंखे ही धुंधला गयी हैं मेरी?
और मैं छोड़ आया जवाब उनके अधूरे,
बिल्कुल यूं ही जिस तरह से छोड़ा हैं तुमने मुझको अधूरा...
कुछ उलझी सी थी मेरी पहली मोहब्बत की आखिरी मुलाक़ात...

खेल

हाँ सब खेल ही तो है
गुड्डे गुड़ियों का, कच्ची बिखरी चूड़ियों का।
हवा से लड़ते माँझे का, और चूरन की पुड़ियों का॥

हाँ सब खेल ही तो है
आँख मिचौली का, इक तोतली सी बोली का
कभी किसी डिब्बे में बंद, खट्टी मीठी नारंगी गोलियों का॥

हाँ सब खेल ही तो है
इक्के दुक्के खर्चो का, पुराने नुक्कड़ की चर्चों का
रंगो में लिपटी तितली, ओर दूर तलक फैली सरसों का

हाँ बस इन्ही खेलों में सिमटी सारी ज़िंदगी है...
और इक हम जो मशरूफ़ियत का नकाब ओढ़े
Extra से बने बैठे हैं।

हर रोज़ बिछड़ते हैं, मिलते हैं, फिर बिछड़ते हैं

यूं ही हर रोज़ मिर्ज़या की मौत मरते हैं

Masterpiece

तुम्हारी पलको पे जब उंगलियां फेरी तो पाई
हर वो नज़्म जो कभी लिखना चाहता था मैं।
Masterpiece हो तुम...
जाने किस रंगरेज का रंग, ना जाने किस सूफी का मन॥
कौन जाने...

फूल मुरझा से जाते, यूं इंतजार में तेरे।
तो मैंने सहेजे हैं लब तेरे, रुमाल में मेरे॥

शाम गुजर जाती है, ख्यालो के सुस्त शहरो से

मैं पुरानी मीनार सा तुमको निकलते देखता हूँ

फिर दिल टूटा

आज फिर दिल टूटा, आज फिर आवाज़ आई,
उतनी ही उदास लगी आज फिर तन्हाई।

ये दिल है के इसको बिखरने का शौक है,
रेत के टीलो पे दुनिया बसाने का शौक है।
ये शौक ही था जो अब बन गया है नशा,
नशे की गिरफ्त में जान लुटाने का शौक है।

आज फिर तुम बिछड़े, आज फिर चोट खाई,
उतनी ही बंजर लगी आज फिर तन्हाई

तन्हाई की आहट में यूं रात आ जाती है,
डायरी के पन्नो में कहानिया गढ़ती जाती है
रात बढ़ती जाती है, मैं धुआं हो जाता हूं,
तेरी याद है या नशा मैं धुत हो जाता हूं।

आज फिर तुमसे नज़रे मिली आज फिर आवाज़ आई,
उतनी ही दिलकश लगी आज फिर तन्हाई

'ये दिल मर्तबान है काँच का,
ये इश्क़ काम है आंच का
जब-जब टूटा, जितनी दफ़े बिखरा,
इश्क़ ने पिघला के फिर नुमाइश बना दिया'...

आज फिर दिल टूटा, आज फिर आवाज़ आई,
उतनी ही उदास लगी आज फिर तन्हाई।

वो बारिश

वो बारिश की नन्ही बूंदों को अपनी हथेलियो में समेटती सी,
मेरे दिल का जायज़ा लेकर हसीन बातें करती...
और मैं भी उसकी ज़हीन बातों में अपनी हाँ मिलाते रहता...
डरता की कही मेरी बेवजह बातों से
उसकी मासूमियत का वक़्त ज़ाया ना हो जाए...
वो लचकती खिल-खिलाती रहती किसी जवां शाख़ की तरह
मैं तन्हा पगडंडी सा उसे बिखरने देता, बरसात की तरह...

वो सारी अदाएगी समेट अपने चेहरे को आसमान तरफ करती,
और आसमान भी अपनी मोतियो की नेमते उसके चेहरे पे लुटा देता।
मैं बुत सा उस हसीन नज़ारे में ठहर जाता...
धड़कने मानो उसकी ज़ुल्फो से धीरे-धीरे गिरती पानी की बूंदे हो,
जो उसकी उँगलियों के इशारो से तेज़-मद्धम और हौले होती जाती।
मैं खोया रहता उसकी बातों में किसी शायर की तरह॥
मैं तन्हा पगडंडी सा, उसे बिखरने देता बरसात की तरह...

भीगे मौसम को भी जलाना उसे खूब आता था,
बस मुस्कुरा के वो थाम लेती थी बाहें मेरी।
उसकी पायल जो गूंज उठती थी वादियो में,
रुनझुन से परिंदे भी जाग उठते थे,
अपनी सुबहो का इंतज़ार करते,

उसकी इक आहट
इक झलक की चाह में दिन भर सफर करते।
मैं भूल जाता हर किस्से को उसकी आंखो में
वो उलझा के रखती मुझे किसी हसीन साज़िश की तरह।
मैं तन्हा पगडंडी सा, उसे बिखरने देता बरसात की तरह...

बारिशों के जाने से फिज़ा बदल जाती है,
आफ़ताब के आने से रात ढल जाती है।
जो तुम बिछड़े तो बारिशे भी तन्हा हो गई,
किसी मासूम ख़्वाब की खातिर जिंदगी सो गई,

निकले तन्हा बेमंज़िल सफर पे हम,
किसी राह में तू, तो कोई राह तुम सी हो गई।
बरिश की बूंदों से जो भीग जाती हथेलिया उसकी,
मैं अपने पहलू से उसकी ठंडक ले लेता।
कितने द्फ़े उस मेज़ पे यू ही मैंने,
मेरी बारिशों को भुला दिया,
याद रहा तो बस शोहबत में तेरी,

तेरी बारिशों का इंतज़ार करना...
तन्हा नाउम्मीदी का दामन पकड़ लिखी थी इक कहानी मैंने,
वो तह बना के रखती गई किसी ज़िल्द की तरह।
मैं तन्हा पगडंडी सा, उसे बिखरने देता बरसात की तरह...

ये सत्य तुझसे है, ये राग तुझसे है।

मैं बैरागी सा तन्हा, मेरा बैराग तुझसे है॥

सामान

यू सोचता था की है मुझे मोहब्बत तुमसे,
ये जो आती हैं हर शाम ढलते परिंदो की मानिंद याद तुम्हारी...इश्क़ है वो...
पर अब कहती है ये नज़्म की बस सोच हो तुम...
हूँ मैं इक खुदगर्ज़ शायर
इस्तेमाल करता आया हूँ मैं तुमको अशआरो की ख़ातिर
बिल्कुल यू ही जैसे वक़्त आने पे निकली जाती है कोई बरनी पुरानी,
सामान हो तुम
मोहब्बत का सामान
नज़्मो का सामान

गर कभी कुछ दे सका तो देना चाहूँगा तुम्हें निगाहें मेरी,

कितने नायाब हो तुम, कभी तुमको भी पता चले

सिलवटों में

कई किस्से बयां होते हैं, मेरे बिस्तर की सिलवटों में।
कुछ लम्हे नशीले रहते हैं, मेरे बिस्तर की सिलवटों में।

मेरे बिस्तर की सिलवटों में...
मचलती सी इक अदा रहती है
मेरे संग-संग वो रोज़ बहती है
निकल जाती है यूं दूर तलक
मुहानों पे वो रात रहती है।

वो रात यूं रस्क में जाती है,
वो इक जलती हुई बाती है,
साँसे महकता इत्र हैं उसकी,
खुशबू रूह निचोड़ लाती है।

कई मखमली ज़ख्म सुलगते हैं, मेरे बिस्तर की सिलवटों में।
कुछ लम्हे नशीले रहते हैं, मेरे बिस्तर की सिलवटों में।

लरज़ते लबो से वो मुझको,
यूं थाम लेती है।
उखड़ती साँसो से जब,
वो मेरा नाम लेती है।

मचलती सी महकती सी,
मदहोश सी तरन्नुम
वो संगदिल क़ातिल,
बिन खंजर ही जान लेती है।

कई गुनाह दफ़न होते हैं, मेरे बिस्तर की सिलवटों में
कुछ लम्हे नशीले रहते हैं, मेरे बिस्तर की सिलवटों में।

मशरूफ

तुम मशरूफ थे, अपनी साख़ बचाने में,
ये शख्स लुट गया, इस ताने बाने में।

अबके कहर में, मेरा यह आसरा भी गया,
लगाया खून पसीना, इस आशियाने में।

ख्वाबों में आने से पहले देता दस्तक,
आहट भी ना की मेरी दुनिया से जाने में

तेरी निगाहों का ही है यह हुनर सारा,
दिल में उतर जाने से, दिल से उतरने में

तुम मशरूफ थे, अपनी साख़ बचाने में,
ये शख्स लुट गया, इस ताने बाने में

कुछ महसूस करने का हुनर खोए इक अरसा हुआ
हँसे कुछ रोज़ पहले, पर चोट खाएं इक अरसा हुआ।

नए दर्द

मेरे खरीदार पूछा किए, क्यों नहीं अब वो पहले सी बात तेरी।
ना है कोई रंगी वस्ल, न अलहदा हिज़्र अब नज्मों में तेरी॥
सुनके मशवरा हुआ कुछ यूं असर,
के अब इक नए दर्द की जानिब है, तलाश मेरी॥

वो दर्द तेरे साथ का, ये दर्द तेरे बाद का।
कुछ दर्द तेरी याद का, वो दर्द वस्ले रात का॥
तसब्बुर है दर्द के, जुस्तजू है दर्द के,
कुछ दर्द तेरे लहज़े के, वो दर्द मेरी बात का॥

ये दर्द बड़ा काबिल, ये दर्द बहुत काम का
ये दर्द बस अपना, हर रिश्ता सिर्फ नाम का
भीड़ में सब अकेले, तन्हा सभी मुसाफिर
दर्द ना कभी अकेला, यार पक्का ये जाम का

मोहब्बत करो दर्द से, जश्न मनाओ रात भर
खाली झोली लेके जब भटका मैं दर-बा-दर
शाहों ने मुहँ मोड़ा अपनों ने साथ छोड़ा
पर दर्द जब भी देता, देता है आकाश भर

ख्वाहिश ना कोई और बस चाहत है इतनी सी मेरी
के अब इक नए दर्द की जानिब है, तलाश मेरी

राहत नहीं

यह शफ्फाक़ हुस्न तेरा ये तेरी बेबाक हँसी
हम इसके कायल नहीं,
मोहब्बत है हमे तेरे अश्को तेरे ज़ख्मो से,
हमे शिरीन गुलो की आदत् नहीं
हम दर्द हैं तेरे जानम कोई दो टके की राहत नहीं।

ये मुश्किले कराती हैं, समझदारी का अंदाज़ा हर रोज़

ये मासूम इश्क़ ही है जो फिर से, नादान बना देता है

बुधवारा पेठ (रेड लाइट एरिया)

शहर होता है, सपनो की पनाहगाह होती है
शहर होता है, बड़ी लम्बी सी राह होती है
वो बड़ा शहर है
निगाहे हद तलक इमारते इक उम्र से लम्बी सड़के
और इक लम्बा सा सफ़र होता है
शहर होता है
वो बड़ा सुन्दर शहर है...
बड़े बाग़ बड़ी कहानियाँ
पुरानी-नयी दुनिया का संगम
सुना है वो बरसात में बहुत खूबसूरत होता है
शहर होता है
उस शहर के दिल में इक अलग ही दुनिया बस्ती है
बाज़ार सजता है वहाँ इंसानों का बाज़ार औरतो का बाज़ार
बोलियाँ लगती हैं औरते बिकती हैं जिस्मो का सौदा होता है

वो दुनिया मेरी दुनिया से अलग सी लगती है
वो औरते हर रात सजती हैं वो हर रात को दुल्हन सी लगती हैं
वो जो रात को जश्न सा लगता है कभी सुबह जाके देखो वहाँ
वो रात कि दुल्हने सुबह बेवा सी लगती हैं
हैरान सा होके जो इक औरत से मैं पूछूँ

क्या बीती है तुमपे देखने में तुम भी इक इंसा सी लगती हो
कैसे थे वो हालात जो इन बाज़ारों में बिकती हो
कैसे आत्मा तुम्हारी तुम्हारा साथ देती है?
मेरी बात सुन वो शय हस के कहती है
जिस्म तो पहले सा वापस ले आती हूँ
जनाब! सौदा तो मेरी आत्मा का ही होता है...
आज मैंने जिस्मो को नहीं, रूहों को बिकते देखा है
वो जो शहर के दिल में इक दुनिया होती है
बेवा कि आह होती है सपनो कि कब्रगाह होती है
शहर होता है

हकीकते

जो ख्वाबों के शहर में हो तो ज़िंदगी रहती है,
हकीकते तो कफन लिए इंतजारो में रहती है।

हकीकते क्या हैं बस सामने आईने होते है
पर्दा-दर-पर्दा फ़क्त अपनी ही सूरत रहती है।

नुमाइशो में आती है ऐसी सुरते कम ही
जिनकी अदाएगी में भी एक सादगी रहती है।

ना देखना नुमाइशों का बीता कल यूँ कभी भी,
अंधेरी गुफ़ा में एक शेरनी जख़्मी रहती है।

जो पनपी नज़दीकियां, फिर क्या बेसब्र होगा

अज़नबी ही रहते हैं, बड़ा दिलचस्प होगा

किरदार

कहा था तुमने इक शाम भी ना गुज़री बिन तुम्हारे मुझसे
जो तुम नही आते तो कमबख्त परिंदे भी नही मिलते मुझसे

और कहते कि...
मेरे अलावा किसी से जी लगाया ना करो
इस तरह बिन बोले कभी जाया ना करो
वक़्त का भरोसा तो कुछ भी नहीं
यूं दूर रह के वक़्त ज़ाया ना करो
वक़्त कि बात करते थे ज़िन्दगी ही ज़ाया हो गयी
जाने किस ख़्वाब कि खातिर ज़िन्दगी ही सो गयी

और कहा था तुमने इक शाम भी ना गुज़री बिन तुम्हारे मुझसे
जो तुम नही आते तो कमबख्त परिंदे भी नही मिलते मुझसे
तो जाने अब ज़ुल्फे किसके लिए सवार रही हो
किस खातिर कंगन, कानो की बालियां सजा रही हो
अब कैसे बिन हमारे पूरी ज़िन्दगी गुजार रही हो
झूठी तो तुम नहीं थी, शायद कोई किरदार निभा रही हो

तुम्हारी बनाई इक अधूरी पेंटिंग,

तुम्हारी लिखी इक अधूरी कविता...

वो इक कहानी जो अधूरी सी छोड़ी थी तुमने,

उसका इक किरदार मैं अब भी हूं जीता

पेशावर डायरी

(2014 पेशावर के इक स्कूल पर आतंकी हमला हुआ और 141 मासूम बच्चो की निर्मम हत्या कर दी गयी, यह नज़्म उन्ही मासूमो को समर्पित है)

अंधेरा है छाया, साँसे मद्धम होती हैं माँ,
दहशत हवाओ में, तेरी याद आती है माँ॥

मेरे सपनों की इक आखिरी उड़ान अभी बाकी है
तेरी गुड़िया में माँ, अभी जान बाकी है

नाम लेते खुदा का, कत्ल मज़हब का करते जाते
कैसे बंदे है खुदा के, जो लहू मासूमो का बहाते
बारूद की दस्तक है, ज़हर है गोली में।
कितना कहर है, काफिरो की बोली में
गयी रात जो अधूरी थी, वो कहानी अभी बाकी है
तेरी गुड़िया में माँ, अभी जान बाकी है

उम्मीदे थी सपने थे, खुशी थी बस्ते में,
तितलियों के संग-संग चली थी रस्ते में।

टीचर भी रोज सबक अमन का सिखाती थी।
हमे ही तो मुस्तकबिल वतन का बताती थी।
फिर क्या गलती, क्या खता ऐसी हुई
तुझसे माँ फिर मिलने की आस झूठी हुई।

खून से लतफत सारे दोस्त मेरे हैं
इन्सा से दिखने वाले दानव मुझको घेरे हैं।
बंदूके हैं काली कुछ-कुछ उनसे डरती हूँ,
तेरी ही तो बेटी हूँ, अब भी उनसे लड़ती हूँ।

खामोशी हूँ पेशावर की, दुनिया पर सवाली हूँ,
सांस अब नहीं आती, क्या मैं मरने वाली हूँ??
आखिरी सांस का, इक आखिरी सलाम अभी बाकी है।
मेरे सपनों की इक आखिरी उड़ान अभी बाकी है

तेरी गुड़िया में माँ, अभी जान बाकी है

कहीं दूर

हर शाम की तरह आज भी कहीं संग चले थे हम।
हर शाम की तरह आज भी कहीं दूर निकले थे हम॥

कदमो के संग धड़कन मिलाते,
मेरे अक्स में कही छुप से जाते,
कभी आगे कभी पीछे,
कितने रंग दिखाते हो तुम।
मैं देखूं कभी चाँद तो कभी तुम को,
आसमाँ ज़मी पे ले आते हो तुम।
जब चलते-चलते करीब आ जाते हो।
ऐ ख़्वाब हकीकत बन जाते हो तुम।
मैं रुक जाता हूँ उस झील के किनारो पे ही,
दूर कमल पे ठहरी शबनम बन जाते हो तुम।

हर शाम की तरह आज भी, बस चलते रहते हैं हम,
राहें भूल जाते हैं अपनी, और मंज़िल बन जाते हो तुम,

हर शाम की तरह आज भी, इक ऐसी ज़मीं पे थे हम,
हर शाम की तरह आज भी, रिवाजों से परे थे हम
हर शाम की तरह कहीं, संग चले थे हम।
हर शाम की तरह आज भी कहीं, दूर निकले थे हम॥

खालीपन

दिल में क्या है यूं तो मुझको, सबसे छुपाना आता है,
बस छुपता नहीं छुपाने से, तुम्हारे बाद वाला खालीपन।
यार, मोहब्बत, वो शिद्दत, सब हारे है ज़िद पे मेरी,
पर हारा नहीं आजमाने से, तुम्हारे बाद वाला खालीपन।
बिन तेरे ये पल नस्तर से बन पास आते हैं,
सारे लम्हें फिर रह-रह कर, प्यासी टीस उठाते हैं।
जाने क्यों वो हर ज़ुबा अपनी सी बन जाती है
जाने-अनजाने ही लेकिन, तेरी बात सुना जाती है।
हर अरमा को हर सपने को पलको में छुपाना आता है
छुपता नहीं छुपाने से, तुम्हारे बाद वाला खालीपन।
तमाम वादो सब वफ़ाओ की कली है मुरझाई,
कोशिश है अब मुरझाने की, तुम्हारे बाद वाला खालीपन।

कब जागे थे तेरी याद में, ऐसा कुछ याद नहीं।

हो जाये तुमसे फिर मोहोब्बत ऐसे अब हालात नहीं।

यूँ फिर तड़पा दे तेरी निगाहें मुझको

इतने दीवाने हम भी कहाँ...और अब तुममे भी वो बात नहीं

मुद्दत से तलाश है

रहते हो जहाँ दो ख़्वाब इक ही पैमाने में,
जहाँ रहे बस हम तुम, हो परे इस ज़माने से,
ना ज़माने को तलाश हो हमारी ना हमे ज़माने की,
इक मुद्दत से तलाश है,
इक ऐसे आशियाने की...

उस आशियाने के मायने हमें ही बनाने होंगे,
जहाँ कुछ पल नादान तो कुछ सयाने होंगे,
चाँद और दरमियाँ मेरे, इन तारों का क्या काम,
कभी तो इश्क़ के आसमा से अलग ये बेगाने होंगे
ना बेगानों को आस हो हमारी, ना हमे उन बेगानों की,
इक मुद्दत से तलाश है,
इक ऐसे आशियाने की...

तेरी पलको के झुक जाने से थमी है ज़िंदगी
तेरा लहज़ा तेरी नज़दीकी तेरी छुअन है ज़िंदगी,
है तू मंज़िल जिस सफर के मुकाम की
उस सफ़र के वास्ते छोड़ी, हमने भी ज़िंदगी
उम्मीद ना हो किसी सदी किसी और ज़माने की

ख्वाहिश हो बस तुझमें समाने की, बस तुझे ही पाने की
इक मुद्दत से तलाश है,
इक ऐसे आशियाने की

मसीहा

वो मसीहा गरीबो के, रहते हैं महलो में।
और फैलाते हैं बूढ़े बदन हाथ रेलो में॥
ठिठुरी सी बेटे की लाश देख माँ ने कहा।
फुटपाथ से बेहतर होती है जिंदगी जेलों में॥
ये चाँद, वो तारे, क्या ये जन्नत है अब्बा?
भटकी सी आ पहुंची थी गरीबी मेलो में॥
जो अब आते हैं कटे सर उस तरफ से तोहफ़े में
हुआ करता था कभी कारोबार इन क़बीलो में

माहताब ने तुझे नर्मी दी,
सितारो का हुस्न तेरे नाम हैं।
मैं तो बस इक शायर हूँ,
मेरी कलम तेरे नाम हैं।

440 मील

वो 440 मील
कभी इतनी दूर भी ना लगते थे,
हर इक मील मुसाफिरो से तेरी कहानी कहते थे

वो 440 मील...
जिसके दरमियां पूरी करता था इस दुनिया की दूरी,
हमारी दास्ताँ कभी, वो राहें भी ना भूली
वो 440 मील सागर से साहिल तलक,
वो 440 मील जिनमे सिमटा था फ़लक
वो 440 मील जिनके होने से मैं था,
हर मोड पे जिनके मैंने देखा तुमको था।
थी साँसे मेरी मुकम्मल जिनके खत्म होने से,
उस इक रात के सफर में, सारी जिंदगी जीने से

वो 440 मील
अब इतने आसान भी नहीं,
तुमसे मुलाकातों के जो अब आसार भी नहीं
वो इक रात का सफर अब इक रात का नहीं
कई रातो को जलना पड़ता है,
कई साँचो में ढलना पड़ता है।

वो 440 मील...
तय करने के बाद भी
अब फासले खत्म नही होते।

ख़बर

क्या पढ़ी आज तुमने वो चंद शब्दों की इक ख़बर,
थी जिसमे बेआबरू सी इक औरत, उसकी चीखे और उसका लहू...
लाल सी वो सिसकारियां, पन्नो को भीगा करते, मेरे हाथो को जकड़े हुए...
आहिस्ता-आहिस्ता मेरे ख्यालो को सवाली करते हुए...
मैं सोचता हूँ की मानू ये उसका मुस्तकबिल ओर कर दूँ दफ्न उस अख़बार को...
या बेहतरी में उस अख़बार को किनारे से टेबल पे बिछा, रख दे हम कुछ हसीन सी नुमाइशे।
शायद उन चीखो की आवाज़ कुछ धीमी पड़ जाए,
रुक जाए वो लहू जो अब भी उस अख़बार से रिसता है,
और दुआ मांगू कल कुछ बेहतर खबर हो,
क्या पढ़ी आज तुमने...
जो ना पढ़ी हो तो ही बेहतर है

वो नादानी का एहसास कुछ पहले ही कम हो गया,

तुम्हारे बिना मेरा बचपन वक़्त से पहले खत्म हो गया।

आशियाना

रहते हो जहाँ दो ख़्वाब, इक ही पैमाने में
जहाँ रहे बस हम तुम, हो परे इस ज़माने से...
ना ज़माने को तलाश हो हमारी, ना हमे ज़माने की...
इक मुद्दत से तलाश हैं हमे, इक ऐसे आशियाने की...

उस आशियाने के मायने हमे ही बनाने होंगे
जहाँ कुछ पल नादान तो कुछ सयाने होंगे...
चाँद और दरमिया मेरे, इन तारो का क्या काम...
कभी तो इश्क के आसमा से अलग, ये बेगाने होंगे...
ना बेगानों को आस हो हमारी,
ना हमे उन बेगानों की...
इक मुद्दत से तलाश हैं हमे, इक ऐसे आशियाने की...

तेरी पलकों के झुक जाने से, थमी हैं ज़िन्दगी...
तेरा लहजा, तेरी नजदीकी, तेरी छुअन हैं ज़िन्दगी...
हैं तू मंजिल जिस सफ़र के मुकाम की...
ऐसे सफ़र के वास्ते छोड़ी, हमने भी ज़िन्दगी...
उम्मीद न हो किसी सदी किसी और ज़माने की,

कोशिश हो बस तुझ में ही समाने की,
बस तुझे ही पाने की...इक मुद्दत से तलाश हैं हमे...
इक ऐसे आशियाने की।

दिखावा

जो कभी की हो मोहब्बत तो समझना आसान होता है,
की दिखावा क्या होता है...

बैठे हुये किसी टेबल पे,
तेरी आंखो में खोने का दिखावा...
तेरे बिन गुजरी रातों में,
तेरे संग सोने का दिखावा...

हाँ ये दिखावा ही तो है...
जब जागता हूँ तेरी याद में तो चाहता हूँ कोई देखे मुझे
या जो कभी उतरता है धुआ हलक से रूह तलक
तो चाहता हूँ कोई देखे मुझे
या कभी जो उतारता हूँ मैं तुमको कोरे पन्नो पे तो भी चाहता हूँ कोई देखे
मुझे लिखते हुए,
मेरा लिखा हुआ
हाँ ये दिखावा ही तो है
होने का दिखावा
खोने का दिखावा
ना होने का दिखावा

ना सोने का दिखावा
रोने का दिखावा...
जो कोई ना देखे तो दिखावा
जो कोई देखे तो छुपाने का दिखावा
हाँ ये दिखावा ही तो है

कोई देखे तो मोहब्बत
ना देखे तो फ़रेब

मुसाफिर

वो कच्ची मिट्टी के घरो से उठता धुआं,
वो गुलमोहर से सट के उतरता कोहरा
वो दूर जाके क्षितिज से पर्वत मिल गया,
मानो किसी मुसाफिर को घर मिल गया॥

वो निगाहों की हद तलक जाती लड़खड़ाती सी सड़क,
और उसको सहारा देते बुज़ुर्गवार दरख्त।
वो दूर चाँदनी समेट बैठी मह-ए-कामिल सी बंजारन,
बंजर निगाहों को भिगो दे वो मंज़र मिल गया
मानो किसी मुसाफिर को घर मिल गया॥

दिन के हाथो से फिसलती, गुलाबी सी शाम।
छूटते हाथो से लरज़ती निगाहों तलक इक ही पैगाम॥
थम जाए हम यहीं, वक़्त हो जाए ग़ुलाम।
ना खत्म हो ये रास्ते, ना खत्म हो ये शाम।

मैं ठहरा सा इक सितारा था, मुझे असर मिल गया।
मैं अब इक मुसाफिर हूँ, नया सफर मिल गया।

वो दूर जाके क्षितिज से पर्वत मिल गया,
मानो किसी मुसाफिर को घर मिल गया।

अजनबी

जानी-पहचानी रंगत में डूबे तुम्हारे ख़्याल,
अब अजनबी...
देख के मुझे वो तेरी इठलाती चाल,
अब अजनबी...

तुम्हारी बातें अजनबी,
तुम्हारी यादें अजनबी।
तुम्हारी मुस्कान अजनबी,
बरसो पुरानी पहचान अजनबी॥
सुकून के गलियारो से गुजरे वो मखमली साल...
अब अजनबी...

मेरी मुस्कुराहट और तुम, रहते थे कभी संग हरदम,
हर सांस में घुलते थे, बनके इत्र यूं सनम...
मेरी सिल्क सी मोहब्बत का वो एहसास,
भला कैसे कभी होगा कम.
मेरी मुस्कुराहट और तुम, रहते थे कभी संग हरदम,
मेरी मुस्कुराहट हो गई जैसे किसी बंद बकसे में गुम।
और बन गए हो तुम सनम,
अब अजनबी...

तुम बन गए इक ऐसे अजनबी,
जिसकी आंखे, कभी मेरी पहचान थी
जिसकी बातें कभी मेरी मुस्कान थी
जिसकी मुस्कान कभी मेरी जान थी...

ऐ अजनबी तेरी बाते अक्सर याद आती हैं
हर शाम वो परिंदे बन, मेरी छत पे आती हैं
कितने दफ़े कहूँ तुमको अजनबी मगर
हर बार तुम अजनबी से ही मिलवाती हैं
तुमसे मोहब्बत का हर इक सूफी ख्याल
जानी पहचानी रंगत में डूबे तुम्हारे ख़्याल,...
अब अजनबी।

कदमो के निशान

वो दुनिया को मटर का दाना कहते,
और कहते की है इक गिलहरी ऐसी
जो चाहे तो निगल जाए साबुत ही इसको॥

वो खौफज़दा से बैठे थे,
बैठे थे ग़मज़दा होकर।
उनका हर ख़्वाब उनकी चादर जैसा ही ओछा था।
हर खुशी उनकी नपी तुली सी होती
उनकी तालीम कब्र में बैठे मुर्दों को भी न भाती
और हर बेफिक्र हसी में ठिठक सी होती।

वो चाहते थे कुछ ऐसा ही मेरे लिए भी
नपे तुले से ख़्वाब, बेअसर सी तालीम
वो चाहते मेरी चादर भी ओछी रहे,

मेरा हुनर ना जाने पाये आसमा तलक
ना पहुंचे बेफिक्र हसी मेरी उस मटर के दाने से बाहर।

मगर मुझ में रहता वो शख्स जिसे नामंज़ूर था फरमान उनका, चाहत थी उसकी हर चाहत से जुदा...वो कहता खुली पलको से नज़र आता है खुदा
ज़िद उसकी की कहीं रुक न जाए कदम, औरों की खुशी में कहीं खो ना जाए हम॥

तो चला आया मैं इस हसीन वीराने में छुपते-छुपाते॥
तमाम हैरते निगाहों से खुद को बचाते।
हाँ मगर गीली मिट्टी पे बना दिये हैं मैंने अपने कदमो के निशान।
जो कभी फुर्सत में जी चाहे तो चले आना

ज़लज़ला

(2015 नेपाल के भूकंप में 8000 से अधिक मौतें हुईं और 2,000 से अधिक घायल हुए, उनको समर्पित ये नज़्म)

निकलते हुए बाज़ार से आती हैं रेडियो की आवाज़े,
जो सुनाती हैं ज़लज़ला नेपाल का॥
सुना कई कच्चे घर ज़मीदोज़ हो गए,
मिले ही नहीं कई जिस्म मुर्दा भी।
कहते हैं मजबूत घर सलामत हैं...
मौत से भी अब महंगाई संभाली नहीं जाती,
सस्ती जिंदगी वो अक्सर ही ले जाती हैं बल्क में।
जैसे ऑफर चलता है ना किसी मॉल में buy 1 get 1 free का

"मौत कल भी सस्ती थी, मौत आज भी सस्ती है
महंगे तो फक्त कफन हुआ करते हैं"

मैं लिखता हूँ तुमको, तुम पढ़ते हो मुझे

मोहोब्बत ना सही इस रिश्ते को चलो, तुम ही कुछ नाम दे दो

बीज

बीज बोया था इश्क़ का कुछ बरस पहले,
सैयाल अरमानो से सींचा था जिसको
करते थे वक़्त के कांटे हिफाज़त जिसकी...
सुबह तड़के उठ जाया करता
फैली ऊंस को साँसो में भर
नींद को सफ़ेद धुंध में छोड़ देता,
नजरों को ऐसे झुकाता,
के देख ले कोई तड़प इनकी और दीवाना हमे कहले...
बीज़ बोया था इश्क़ का कुछ बरस पहले,

यूं सिर झुका सद्के में
हवाओ से मिन्नते करता,
के ना ज्यादा शोर करे वो रातो को॥
हिदायते दे देता बारिशो को भी...
मिट्टी को भी अपनी पाली में मिलाने की सारी कोशिश अंजाम दे रखी थी मैंने...
जो फसल आई अरमानो की बस्ती और बाशिंदे उसके खिल उठे॥
निकले इज़हार,-ए-मोहब्बत को लफ्ज़ो की गाड़ी पे लाद के...
तेरी बज्म की और...

तमाम हैरते निगाहों को दरकिनार किए...
दरख्तों की छाँव को ठुकराकर,
जो चाहती कुछ घड़ी हम सुकून से रह ले।
मगर बीज़ बोया था इश्क़ का कुछ बरस पहले...
और आज बाज़ार में तुम्हारे कोई मोल नही इनका
खा गए सूतखोर नफ़ा भी सारा,
और वक़्त का राही नुकसान मेरे हिस्से का ले जाता रहा॥
मगर...
अगले सावन मिट्टी को फिर पलटेंगे,
और फिर कुछ रोज तड़के उठा करेंगे
वक़्त फिर सीचेगा इन को
वो मिन्नते हवाओ की वो बरिशो को हिदायते
फिर मिट्टी पाली में होगी हमारी
सब कुछ वैसा ही कुछ...
मगर अबकी द्फ़े बीज हमारी पसन्द के होंगे

अनुचित

यह कहाँ तक उचित है
तुम रहो ऊँची अट्टालिकाओ में, महलों के तुम वासी हो।
अगली गली से तुम्हारे शहर पसरी हुई खामोशी हो॥
तुम जश्न मनाओ नित्य प्रतिदिन, तुम स्वप्ननगर रहवासी हो।
भूखे जन-मन, नंगे तन-मन लिए प्रजा तुम्हारी प्यासी हो॥
यह कब उचित हो पाया है, यह नियम किसका बनाया है
अमीरों गरीबो की विचित्र खाई, अज़ब-गज़ब ये माया है।
तुम यूं बने देवता हमारे, मानो सृष्टि तुमसे ही रचित है,
गर यही उचित है महोदय दृष्टि में आपकी
तो यह अनुचित है

सुकून की तलाश

जब मैं भटकता था, सुकून की तलाश में,
इक अजनबी चेहरा था, तारो के लिबास में।
बेकरारी एहसास में, तड़प थी हर सांस में,
जब मैं भटकता था, सुकून की तलाश में,

मचलती उमंग, उम्मीदो के नए रंग थे पास में,
लगता था यू, कि हूँ कुछ खास मैं।
ख़्वाबो की तरंग बल खाती थी पास में,
ज़िंदगी थी नशा ओर था बदहवास मैं।
ये है उस हसीन सफर की दास्तां,
जब मैं भटकता था, सुकून की तलाश में,

थी जब तलक ख़्वाबो की सौगात साथ में,
लगती थी ज़िंदगी जैसे झड़ती हो चाँदी रात में।
गुनगुनाती थी रागनिया जैसे आस पास में,
ज़िंदगी थी नशा और था बदहवास मैं।
ये है उस हसीन सफर की दास्तां,
जब मैं भटकता था, सुकून की तलाश में,

सब कुछ तो समझता था, इतना सा समझ लेता काश मैं
के सुकून तो पा लेते हैं शोले भी आग में,
नहीं तो भटकता रहता है, भवरा भी बाग में।
जब मैं भटकता था, सुकून की तलाश में,
इक अजनबी चेहरा था तारों के लिबास में

देखते-देखते

इक अजीब कशिश से भर गयी है रात, तुमको देखते-देखते
पूनम के चाँद की आ रही है याद, तुमको देखते-देखते॥

लरज़ते लबो से कहनी है, इक कहानी तुझको
खुदा की खुदाई भी कहती है, मेरी ज़िंदगानी तुझको॥
पिघलते सोने से लिख दू हमारी दास्तान
ताउम्र महफ़ूज रखू, तुम्हारी मुस्कान॥

पूरी न हो पायी थी जो, पिछ्ली मुलाक़ात मे,
आज कहनी है वो अधूरी बात, तुमको देखते-देखते
पूनम के चाँद की आ रही है याद, तुमको देखते-देखते

जो साथ ना था पहले...बेचैनी ज़वा थी।
जो संग हुआ हकीकत...बेचैनी अदा थी,
जो आंखो में थी आंखे...बेचैनी हया थी।
जो छोड़ा दामन शर्म का...बेचैनी धुआँ थी।

जो बिखरा रिश्ता दर्पण सा...बेचैनी सजा थी।
जो हवा सी बिखरी थी पिछली मुलाकात मे,
है थामना आज उसी बेचैनी का साथ, तुमको देखते-देखते।
पूनम के चाँद की आ रही है याद, तुमको देखते-देखते

सफर

कदम-कदम हर डगर, करती है जो तय मयखानों का सफर।
कदम-कदम पे इक नजर, इक मोहब्बत, लाती है ख्यालो के कई असर॥
ज़ेहन की बर्फीली वादियो में, जो वो मिल जाती है कभी।
तो हम तय कर लेते हैं, बेखुदी से खुदी का सफर कभी॥

इस दिल के कमरे में इक उम्मीद धड़कन सी रहती है।
इस दुनिया से छिप-छिप के, वो सजती और सवरती है॥
जो इस दुनिया से परे, इक और ज़हान हो जाए॥
हो मुमकिन संग हमारा वहाँ हकीकत हो पाए
इन लफ्ज़ो के समंदर में, जो वो बस जाती है कभी
तो हम तय कर लेते है, बेखुदी से खुदी का सफर कभी॥

किया कितनो ने, हमने भी किया कितनो का वक़्त ज़ाया

पर तुम्हारे बाद कभी कोई, तुमसा ना आया

जलती रात

जो परिंदे आँगन से, शाम ढले उड़ जाएगे।
वो यादों के साथी ठहरे, कहा हकीकत मैं पाएगे॥
अब किसी गैर की अमानत, तेरे चाँद सितारे हैं।
बेकार ही ज़िद करते हो, कहा रात रुक पाएगे॥
हम जिनके संग निकले, वो दरिया से घबराए।
काहे के संगी वो होते, कहा साथ मैं जाएगे॥
इक मोहोब्बत चंद लफ्जो का, सौदा करने निकले थे।
ना जाना बदले में, टूटा चाँद, जलती रात ले आएगे।

शक नहीं था उसे, पर अब यूं यकीन भी नहीं आता।

वो बिखरा है कुछ इस कदर, उसे जुड़ना भी नहीं आता

आरज़ू

इक रात चाँद की, झोली मैं डाल चाँदनी,
खुदा कही चला गया, कई रोज से दिखा नहीं।
वो लोग कहते हैं क्या, कोई बात यू न छेड़ना
महफ़िलों से आशिको का, कभी वास्ता रहा नहीं
फ़रिश्ते हमसे पूछा किए, कोई आरज़ू बाकी रही
शिकवे गिले लाखो मगर, हमने कुछ कहा नहीं।
धुंधली सी माँजिल हमारी, बस इक ही कदम दूर थी,
ज़िद थी हमारी हम रुक गए, फासला मिटा नहीं...
खुदा कही चला गया, कई रोज से दिखा नहीं।

www.ingramcontent.com/pod-product-compliance
Lightning Source LLC
LaVergne TN
LVHW041232150826
845673LV00008B/2365

* 9 7 9 8 8 9 3 2 2 8 8 6 1 *